Miriam and the Magical Clock
And Other Bilingual
Swedish-English Stories for Kids

Pomme Bilingual

Published by Pomme Bilingual, 2024.

MIRIAM AND THE MAGICAL CLOCK AND OTHER BILINGUAL SWEDISH-ENGLISH STORIES FOR KIDS

First edition. September 13, 2024.

Copyright © 2024 Pomme Bilingual.

ISBN: 979-8227174956

Written by Pomme Bilingual.

Table of Contents

Den Försvunna Fjärilen

L illa Maja bodde i en liten by omgiven av ängar och skogar. En dag, när solen sken och blommorna blommade, hittade hon en vacker fjäril. Fjärilen hade stora, skimrande vingar i alla regnbågens färger, och Maja kunde inte låta bli att förundras över dess skönhet.

"Jag ska kalla dig Färglina," sa Maja och följde fjärilen genom den soliga trädgården. Färglina fladdrade från blomma till blomma, och Maja följde efter, lycklig över sitt nya vänskap.

Dagarna gick, och varje dag besökte Maja samma plats för att se Färglina. Men en morgon, när Maja kom till trädgården, var fjärilen borta. Maja letade överallt – bland blommorna, buskarna och till och med i den lilla bäcken som porlade genom trädgården – men Färglina syntes ingenstans.

"Var kan du vara, Färglina?" viskade Maja och kände en tår rinna nerför hennes kind. Hon ville inte förlora sin vän.

Maja bestämde sig för att söka efter Färglina i skogen bredvid byn. Skogen var mörk och tät, men Maja var modig. Hon steg in bland träden och lyssnade efter ljudet av fjärilsvingar som susade i vinden. Men allt hon hörde var fåglarnas sång och trädkronornas sus.

Plötsligt hörde hon ett litet gnällande ljud. Hon följde ljudet och hittade en liten igelkott som satt fast i en buske.

"Stackars dig!" sa Maja och hjälpte igelkotten att komma loss. "Har du sett en fjäril med stora, färgglada vingar?"

Igelkotten skakade på huvudet men pekade mot en stig som slingrade sig djupare in i skogen. Maja tackade och följde stigen. Ju längre hon gick, desto mörkare blev det, men Maja gav inte upp. Hon ville verkligen hitta Färglina.

Efter en lång stund kom Maja till en glänta. I mitten av gläntan fanns en stor, gammal ek, och högt uppe i trädet såg hon något som skimrade.

"Färglina!" ropade Maja och sprang mot trädet.

Men när hon kom närmare såg hon att det inte var Färglina – det var en annan fjäril, lika vacker men med andra mönster på vingarna. Fjärilen flög ner till Maja och cirklade runt hennes huvud.

"Du är inte Färglina," sa Maja försiktigt, "men du är ändå väldigt vacker."

Fjärilen flög in mot skogen igen, och Maja följde den. Fjärilen ledde henne genom täta buskage och över små bäckar tills de kom till en annan glänta. Där, mitt i en äng full av blommor, satt Färglina och vilade på en blomma.

"Färglina!" ropade Maja glatt och sprang fram till sin vän.

Färglina fladdrade till och satte sig på Majas axel. Maja log stort och kände sig lättad.

"Tack," sa hon till den nya fjärilen som hade lett henne till Färglina. Den nya fjärilen fladdrade till och försvann upp mot himlen.

Maja och Färglina återvände till byn tillsammans, och Maja lärde sig den dagen att vänner kan dyka upp på de mest oväntade sätt, och ibland behöver man bara ha lite tålamod och mod för att hitta dem igen.

The Lost Butterfly

Little Maja lived in a small village surrounded by meadows and forests. One day, when the sun was shining and the flowers were blooming, she found a beautiful butterfly. The butterfly had large, shimmering wings in all the colors of the rainbow, and Maja couldn't help but marvel at its beauty.

"I'll call you Rainbow," Maja said as she followed the butterfly through the sunny garden. Rainbow fluttered from flower to flower, and Maja followed, happy about her new friendship.

Days went by, and every day Maja visited the same spot to see Rainbow. But one morning, when Maja came to the garden, the butterfly was gone. Maja searched everywhere – among the flowers, bushes, and even in the little stream that trickled through the garden – but Rainbow was nowhere to be found.

"Where can you be, Rainbow?" Maja whispered, feeling a tear slide down her cheek. She didn't want to lose her friend.

Maja decided to search for Rainbow in the forest next to the village. The forest was dark and dense, but Maja was brave. She stepped into the trees and listened for the sound of butterfly wings fluttering in the wind. But all she heard was the birds singing and the rustling of the treetops.

Suddenly, she heard a small whimpering sound. She followed the noise and found a little hedgehog stuck in a bush.

"Poor thing!" Maja said, helping the hedgehog get free. "Have you seen a butterfly with big, colorful wings?"

The hedgehog shook its head but pointed to a path that wound deeper into the forest. Maja thanked it and followed the path. The farther she went, the darker it became, but Maja didn't give up. She really wanted to find Rainbow.

After a long while, Maja came to a clearing. In the middle of the clearing stood a large, old oak tree, and high up in the tree, she saw something shimmering.

"Rainbow!" Maja called and ran toward the tree.

But as she got closer, she realized it wasn't Rainbow – it was another butterfly, just as beautiful but with different patterns on its wings. The butterfly flew down to Maja and circled around her head.

"You're not Rainbow," Maja said gently, "but you're still very beautiful."

The butterfly flew back into the forest, and Maja followed it. The butterfly led her through thick bushes and over small streams until they reached another clearing. There, in the middle of a meadow full of flowers, sat Rainbow, resting on a blossom.

"Rainbow!" Maja called happily and ran to her friend.

Rainbow fluttered up and landed on Maja's shoulder. Maja smiled wide and felt relieved.

"Thank you," she said to the new butterfly that had led her to Rainbow. The new butterfly fluttered once more and disappeared into the sky.

Maja and Rainbow returned to the village together, and Maja learned that day that friends can appear in the most unexpected ways, and sometimes you just need a little patience and courage to find them again.

Lukas och den Magiska Regnbågen

Lukas var en nyfiken och glad liten pojke som bodde i en liten stad omgiven av böljande gröna kullar och färgglada trädgårdar. Varje eftermiddag när skolan var över, sprang Lukas ut i sin trädgård för att leka bland blommorna och bygga små kojor.

En dag efter en regnig förmiddag, när de första solstrålarna bröt genom molnen, såg Lukas något fantastiskt. På himlen bredde sig en stor, skimrande regnbåge ut i alla de vackra färgerna. Lukas hade aldrig sett en så stor och färgglad regnbåge tidigare, och han blev genast nyfiken.

"Det ser ut som en magisk regnbåge," sa Lukas för sig själv och bestämde sig för att följa den. Han trodde inte riktigt att han skulle hitta en skatt, men han ville ändå se vart regnbågen ledde.

Lukas sprang över gräsmattan och genom den lilla skogen som låg bakom hans hus. Regnbågen verkade led honom djupare in i skogen, och snart hittade Lukas sig på en plats han aldrig tidigare hade sett. Det var en liten glänta med en gammal, knarrig ek mitt i.

Till Lukas stora förvåning såg han en liten dörr vid foten av det stora trädet. Dörren var täckt av moss och blommor, och den hade ett litet, gnistrande lås i form av en stjärna.

"Vad kan det här vara?" undrade Lukas och knackade försikti
på dörren. Till hans stora överraskning öppnades dörr
långsamt och en liten röst hördes säga:

"Hej där! Välkommen till vårt magiska rike!"

Lukas kikade in och såg en vacker, glittrande värld fylld me
ljusa färger och små, vänliga varelser. Det var som att han hac
klivit in i en dröm. En liten, fluffig kanin med stora ögon oc
en glänsande regnbåge på sin rygg sprang fram och hälsade p
Lukas.

"Hej! Jag heter Glimmer," sa kaninen och log. "Vi har väntat p
dig."

"Väntat på mig?" frågade Lukas förvånat.

"Ja, vår magiska regnbåge har fört dig hit. Vi behöver din hjälp
förklarade Glimmer. "En mörk skugga har kommit över vårt rike
och vi behöver en modig vän för att återställa vår glädje och
färger."

Lukas kände sig lite nervös, men han ville verkligen hjälpa
Glimmer ledde Lukas genom den glittrande världen till er
gammal, mystisk grotta. Inuti grottan såg Lukas en stor, svart
kristall som sände ut ett dämpat ljus.

"Det är den svarta kristallen som skapar skuggan över vårt rike,"
förklarade Glimmer. "Vi måste hitta det magiska ljuset och
använda det för att förstöra kristallen."

Lukas tog ett djupt andetag och nickade. Han följde Glimmer
genom grottan tills de kom till en glittrande sjö där en gammal,

vis sköldpadda bodde. Sköldpaddan hade en stor, gyllene nyckel runt halsen.

"Hej, Sköldpaddan," sa Glimmer. "Vi behöver din hjälp för att hitta det magiska ljuset."

Sköldpaddan nickade och sa: "Det magiska ljuset ligger djupt inne i grottan, men det är bevakat av en stor, arg drake. Ni måste vara modiga och kloka för att ta er förbi."

Lukas och Glimmer tackade sköldpaddan och fortsatte sin färd. När de nådde den del av grottan där draken bodde, kunde de höra det djupa, mullrande andningen från den stora varelsen.

"Lukas, vi måste vara försiktiga," viskade Glimmer. "Titta, där är ljuset!"

Lukas såg ett svagt, magiskt ljus som sken bakom draken. Han visste att han måste agera snabbt. Med hjälp av sin mod och list skapade Lukas en liten distraktion. Han släppte en sten som rullade bort och fick draken att gå efter den.

Medan draken var upptagen lyckades Lukas och Glimmer ta det magiska ljuset och återvända till gläntan. När ljuset träffade den svarta kristallen, började den spraka och förvandlas till en regnbåge igen. Ljuset spred sig över hela det magiska riket och återställde dess färger och glädje.

Alla de vänliga varelserna firade Lukas och tackade honom för hans mod och hjälp. Glimmer gav Lukas en liten, glittrande sten som minne av hans äventyr.

När Lukas återvände hem kände han sig stolt och glad över at
ha hjälpt sina nya vänner. Han visste att det var viktigt att var:
modig och att hjälpa andra, och han hade en fantastisk histori:
att berätta.

Lukas and the Magic Rainbow

Lukas was a curious and cheerful little boy who lived in a small town surrounded by rolling green hills and colorful gardens. Every afternoon after school, Lukas would run out into his garden to play among the flowers and build little forts.

One day, after a rainy morning, when the first rays of sunshine broke through the clouds, Lukas saw something magical. A large, shimmering rainbow stretched across the sky in all the beautiful colors. Lukas had never seen such a large and colorful rainbow before, and he was immediately intrigued.

"It looks like a magic rainbow," Lukas said to himself and decided to follow it. He didn't really believe he'd find a treasure, but he wanted to see where the rainbow led.

Lukas ran across the lawn and through the small forest behind his house. The rainbow seemed to lead him deeper into the forest, and soon Lukas found himself in a place he had never seen before. It was a small clearing with an old, creaky oak tree in the middle.

To Lukas's great surprise, he saw a little door at the base of the big tree. The door was covered in moss and flowers, and it had a tiny, sparkling star-shaped lock.

"What could this be?" Lukas wondered and gently knocked on the door. To his great surprise, the door slowly opened and a small voice said:

"Hello there! Welcome to our magical realm!"

Lukas peered inside and saw a beautiful, glittering world filled with bright colors and tiny, friendly creatures. It was like he had stepped into a dream. A small, fluffy bunny with big eyes and a shimmering rainbow on its back came hopping up to greet Lukas.

"Hi! I'm Glimmer," said the bunny with a smile. "We've been waiting for you."

"Waiting for me?" Lukas asked, surprised.

"Yes, our magic rainbow brought you here. We need your help," explained Glimmer. "A dark shadow has come over our realm, and we need a brave friend to restore our joy and colors."

Lukas felt a bit nervous but really wanted to help. Glimmer led Lukas through the glittering world to an old, mysterious cave. Inside the cave, Lukas saw a large, black crystal emitting a dim light.

"It's the black crystal that's creating the shadow over our realm," explained Glimmer. "We need to find the magic light and use it to destroy the crystal."

Lukas took a deep breath and nodded. He followed Glimmer through the cave until they came to a sparkling lake where an old, wise turtle lived. The turtle had a large, golden key around its neck.

"Hello, Turtle," said Glimmer. "We need your help to find the magic light."

he turtle nodded and said, "The magic light is deep inside the cave, but it's guarded by a large, angry dragon. You must be brave and clever to get past it."

Lukas and Glimmer thanked the turtle and continued their journey. When they reached the part of the cave where the dragon lived, they could hear the deep, rumbling breath of the large creature.

"Lukas, we must be careful," whispered Glimmer. "Look, there is the light!"

Lukas saw a faint, magical light shining behind the dragon. He knew he had to act quickly. Using his courage and cleverness, Lukas created a small distraction. He dropped a stone that rolled away, catching the dragon's attention.

While the dragon was distracted, Lukas and Glimmer managed to get the magic light and return to the clearing. When the light hit the black crystal, it began to crackle and turn back into a rainbow. The light spread across the entire magical realm, restoring its colors and joy.

All the friendly creatures celebrated Lukas and thanked him for his bravery and help. Glimmer gave Lukas a small, glittering stone as a keepsake of his adventure.

When Lukas returned home, he felt proud and happy for having helped his new friends. He knew it was important to be brave and to help others, and he had a fantastic story to tell.

Katten som ville flyga

Det var en gång en katt som hette Nisse. Han var en liten, lurvig katt med mjuk, grå päls och stora, nyfikna ögon. Nisse bodde med sin familj i ett litet hus vid skogsbrynet, och varje dag lekte han i trädgården, jagade fjärilar och klättrade i träd. Men Nisse hade en hemlig dröm – han ville kunna flyga.

Varje gång han såg fåglarna sväva högt över träden, kände han en liten ilning av avund i magen. Han tittade upp mot himlen och tänkte: "Tänk om jag också kunde flyga. Tänk om jag kunde känna vinden i pälsen och sväva bland molnen." Men hur skulle en katt kunna lära sig att flyga?

En dag, när Nisse satt under sitt favoritträd och betraktade fåglarna, hörde han ett mjukt kvitter bredvid sig. En liten fågel hade landat på en gren precis ovanför honom. Fågeln tittade ner på Nisse och log.

"Vad gör du här nere på marken?" frågade fågeln. "Varför kommer du inte upp och flyger med oss?"

Nisse suckade och svarade: "Jag är bara en katt. Katter kan inte flyga, det vet jag."

Fågeln skakade på huvudet. "Ingenting är omöjligt om du verkligen vill det," sa hon. "Jag har sett dig klättra i träd. Du är snabb och smidig. Kanske kan vi hitta ett sätt för dig att sväva, precis som vi fåglar gör."

Nisse tittade förvånat på fågeln. "Tror du verkligen att jag kan lära mig att flyga?"

"Ja, det tror jag," sa fågeln. "Men du måste vara modig och ha tålamod."

Fågeln presenterade sig som Flisan, och tillsammans började de planera hur Nisse skulle kunna uppfylla sin dröm. Först började Nisse öva på att hoppa från högre och högre grenar i trädet. Han tränade varje dag, och Flisan flög bredvid honom för att uppmuntra honom.

"Kom igen, Nisse!" ropade Flisan. "Känn vinden och försök glida genom luften!"

Men varje gång Nisse hoppade, landade han pladask på marken. Han blev trött och frustrerad, men gav inte upp. Han visste att drömmen om att flyga var värd att kämpa för.

En dag när Nisse tränade, kom han på en ny idé. "Vad om jag bygger vingar?" tänkte han. Han rusade in i huset och letade efter allt han kunde hitta – gamla lakan, kvistar och garn. Med stor möda och hjälp av Flisan började han konstruera ett par vingar.

När vingarna äntligen var färdiga, satte Nisse på sig dem och gick ut i trädgården. Han klättrade upp i sitt favoritträd, där Flisan väntade på honom.

"Är du redo?" frågade Flisan.

Nisse nickade ivrigt. Han kände sig nervös men också spänd på att se om hans plan skulle fungera. Med ett djupt andetag hoppade han från grenen och sträckte ut vingarna.

Till en början föll han som en sten, och det kändes som om allt skulle sluta i ett magplask. Men sedan, sakta men säkert, började han känna hur vinden fångade vingarna. Nisse gled genom luften! Det var inte precis flygning som fåglarna, men det var nära nog. Han svävade över trädgården och skrattade högt av glädje.

Flisan flög bredvid honom och jublade: "Du gjorde det, Nisse! Du flyger!"

Nisse kunde knappt tro det. Hans dröm hade gått i uppfyllelse. Även om han inte hade vingar som en fågel, hade han hittat ett sätt att känna samma frihet.

När han till slut landade mjukt på marken, kände han sig både stolt och glad. Flisan klappade honom på huvudet och sa: "Jag visste att du kunde göra det. Du är modigare än du tror."

Från den dagen flög Nisse och Flisan tillsammans varje kväll, och alla andra djur i trädgården beundrade Nisses beslutsamhet. Han hade visat att inga drömmar är för stora – inte ens för en liten katt som ville flyga.

Och varje gång Nisse såg fåglarna sväva högt över träden, log han för sig själv, för nu visste han att allt var möjligt.

The Cat Who Wanted to Fly

Once upon a time, there was a cat named Nisse. He was a small, fluffy cat with soft, gray fur and big, curious eyes. Nisse lived with his family in a small house by the edge of the forest, and every day he played in the garden, chasing butterflies and climbing trees. But Nisse had a secret dream – he wanted to be able to fly.

Every time he saw the birds soaring high above the trees, he felt a little twinge of envy in his belly. He looked up at the sky and thought, "What if I could fly too? What if I could feel the wind in my fur and glide among the clouds?" But how could a cat learn to fly?

One day, as Nisse sat under his favorite tree watching the birds, he heard a soft chirp beside him. A little bird had landed on a branch just above him. The bird looked down at Nisse and smiled.

"What are you doing down here on the ground?" asked the bird. "Why don't you come up and fly with us?"

Nisse sighed and replied, "I'm just a cat. Cats can't fly, I know that."

The bird shook her head. "Nothing is impossible if you really want it," she said. "I've seen you climb trees. You're fast and agile. Maybe we can find a way for you to glide, just like we birds do."

Nisse looked at the bird in surprise. "Do you really think I c
learn to fly?"

"Yes, I do," said the bird. "But you have to be brave and patient.

The bird introduced herself as Flisan, and together they beg
to plan how Nisse could fulfill his dream. First, Nisse starte
practicing jumping from higher and higher branches in the tre
He trained every day, and Flisan flew beside him to encourag
him.

"Come on, Nisse!" Flisan called. "Feel the wind and try to glid
through the air!"

But every time Nisse jumped, he landed with a thud on th
ground. He became tired and frustrated, but he didn't give up
He knew that the dream of flying was worth fighting for.

One day, while practicing, Nisse came up with a new idea
"What if I build wings?" he thought. He rushed inside the hous
and searched for everything he could find – old sheets, twigs
and yarn. With great effort and help from Flisan, he began to
construct a pair of wings.

When the wings were finally ready, Nisse put them on and wen
out into the garden. He climbed up into his favorite tree, where
Flisan was waiting for him.

"Are you ready?" asked Flisan.

Nisse nodded eagerly. He felt nervous but also excited to see if
his plan would work. With a deep breath, he jumped from the
branch and stretched out his wings.

At first, he fell like a stone, and it felt like everything would end in a belly flop. But then, slowly but surely, he began to feel the wind catch the wings. Nisse was gliding through the air! It wasn't exactly flying like the birds, but it was close enough. He soared over the garden and laughed out loud with joy.

Flisan flew beside him and cheered: "You did it, Nisse! You're flying!"

Nisse could hardly believe it. His dream had come true. Even though he didn't have wings like a bird, he had found a way to feel the same freedom.

When he finally landed softly on the ground, he felt both proud and happy. Flisan patted him on the head and said, "I knew you could do it. You're braver than you think."

From that day on, Nisse and Flisan flew together every evening, and all the other animals in the garden admired Nisse's determination. He had shown that no dreams are too big – not even for a little cat who wanted to fly.

And every time Nisse saw the birds soaring high above the trees, he smiled to himself, for now he knew that anything was possible.

Mollys Magiska Kappa

Det var en kall och blåsig höstdag när lilla Molly satt på trappen till sitt hus. Hon var en flicka med lockigt brunt hår och stora blå ögon som alltid var fulla av drömmar. Men idag var det annorlunda. Hon kände sig ensam och lite ledsen, för alla hennes vänner hade fina, varma kappor som skyddade dem mot den kyliga vinden. Molly hade ingen sådan kappa, och hon frös i sin tunna tröja.

Molly suckade och tittade på de gyllene löven som virvlade runt i luften. Tänk om hon också hade en kappa, en riktigt varm och mjuk, tänkte hon. Hon reste sig upp och gick in i huset. På vinden, bland gamla lådor och dammiga saker, hade Molly hört sin mamma säga att det fanns kläder som ingen längre använde. Kanske, bara kanske, kunde hon hitta något där.

När Molly öppnade vindsluckan, hörde hon den knarrande trappan under sina fötter. Där uppe var det mörkt, och hon fick använda en ficklampa för att se. Hon började rota bland lådorna och kistorna som stod staplade längs väggarna. En gammal kista, som såg särskilt gammal och mystisk ut, fångade hennes uppmärksamhet.

Molly öppnade kistan försiktigt och drog upp något mjukt. Det var en kappa, men inte vilken kappa som helst. Den var skimrande blå, med små silverstjärnor broderade över hela tyget. Den såg nästan magisk ut, och Molly kände sig genast förtrollad av dess vackra utseende.

Hon tog på sig kappan, och en varm, behaglig känsla spred sig genast genom hennes kropp. Det var som om kappan inte bara skyddade henne från kylan utan också fyllde henne med energi och glädje. Hon sprang ner från vinden och ut på gården igen. När hon klev ut genom dörren kändes vinden inte längre lika kall, och hon log stort.

Medan hon promenerade genom byn kände Molly att något märkligt hände. Löven som tidigare hade virvlat omkring i vinden tycktes nu dansa runt henne som i en cirkel. Och inte nog med det, fåglarna i träden kvittrade glatt och följde henne från gren till gren. Det var som om kappan gjorde henne speciell, som om hela världen ville vara nära henne.

När Molly kom till parken där hennes vänner lekte, stannade de upp och stirrade förvånat på henne. "Var har du fått den där vackra kappan ifrån?" frågade Elin, som alltid hade haft den finaste kappan i gruppen.

Molly ryckte på axlarna. "Jag hittade den på vinden," svarade hon blygsamt. "Visst är den fin?"

Men innan någon hann svara hände något ännu märkligare. En av löven, som svävade genom luften, landade på Mollys hand och förvandlades till en liten, gnistrande fjäril. Fjärilen flög upp i luften och lämnade ett stråk av glittrande damm efter sig.

"Wow!" ropade hennes vänner i kör. "Hur gjorde du det där?"

Molly visste inte vad hon skulle svara. Hon visste bara att kappan var speciell. Kanske var den magisk. Kanske kunde den göra allt möjligt.

ag tror att det är kappan," sa Molly försiktigt. "Den känns...
annorlunda."

Elin, som alltid var lite avundsjuk, fnyste. "Det är bara en kappa,"
sa hon. "Ingenting är magiskt på riktigt."

Men när Elin tog ett steg framåt och försökte röra vid kappan,
började något ännu märkligare hända. Marken under dem
började sakta glöda, som om den var täckt av små, lysande
stjärnor. Alla barnen backade förskräckt, men Molly kände sig
inte rädd. Istället kände hon sig trygg, som om kappan ville
skydda henne och alla runt omkring henne.

"Vad händer?" viskade ett av barnen.

Molly tog ett djupt andetag. "Jag vet inte, men jag tror att kappan
vill visa oss något."

Plötsligt var de omgivna av ett mjukt ljus, och när de blinkade
hade de inte längre fötterna på marken. De svävade, alla
tillsammans, högt ovanför trädtopparna. Molly kunde se hela
byn nedanför dem, och hon hörde sina vänner skratta av ren
förvåning och glädje.

De svävade över hustaken, över åkrar och ängar, och vinden
kittlade dem i ansiktena. Det kändes som en dröm, men det var
verkligt. Mollys magiska kappa hade gjort det omöjliga möjligt.

Efter en stund landade de mjukt tillbaka i parken, och ljuset som
omgav dem försvann sakta. Alla barnen stod tysta, osäkra på vad
de precis hade upplevt.

"Det var det mest fantastiska jag någonsin varit med om," viska
en av Mollys vänner.

"Jag visste inte att kappor kunde göra sånt," sa en annan.

Molly log för sig själv. Hon visste att hon hade hittat någ
speciellt, något magiskt, på vinden. Och även om kappan in
alltid skulle kunna ta dem med på flygturer, visste hon att de
hade förändrat något inom henne. Hon kände sig starkar
modigare, och kanske lite magisk själv.

Och från den dagen, varje gång vinden blåste kallt och löve
dansade i luften, tänkte Molly på sin magiska kappa och visst
att världen var full av hemligheter, bara väntande på att b
upptäckta.

Molly's Magical Coat

It was a cold and windy autumn day when little Molly sat on the steps of her house. She was a girl with curly brown hair and big blue eyes, always full of dreams. But today was different. She felt lonely and a little sad because all her friends had nice, warm coats to protect them from the chilly wind. Molly had no such coat, and she shivered in her thin sweater.

Molly sighed and watched the golden leaves swirling in the air. If only she had a coat too, a really warm and soft one, she thought. She stood up and went inside the house. In the attic, among old boxes and dusty things, Molly had heard her mother say there were clothes that no one used anymore. Maybe, just maybe, she could find something there.

When Molly opened the attic door, she heard the creaky stairs under her feet. It was dark up there, and she had to use a flashlight to see. She began rummaging through the boxes and chests stacked along the walls. An old chest, which looked particularly ancient and mysterious, caught her attention.

Molly opened the chest carefully and pulled out something soft. It was a coat, but not just any coat. It was shimmering blue, with little silver stars embroidered all over the fabric. It looked almost magical, and Molly was instantly enchanted by its beauty.

She put on the coat, and a warm, pleasant feeling spread through her body. It was as if the coat not only protected her from the cold but also filled her with energy and joy. She ran down from the attic and out into the yard again. When she stepped outside, the wind no longer felt as cold, and she smiled brightly.

As she walked through the village, Molly felt something strange happening. The leaves that had been swirling in the wind now seemed to dance around her in a circle. And not only that, the birds in the trees chirped happily and followed her from branch to branch. It was as if the coat made her special, as if the whole world wanted to be close to her.

When Molly reached the park where her friends were playing, they stopped and stared at her in amazement. "Where did you get that beautiful coat?" asked Elin, who had always had the nicest coat in the group.

Molly shrugged. "I found it in the attic," she said shyly. "Isn't it pretty?"

But before anyone could answer, something even stranger happened. One of the leaves, floating through the air, landed on Molly's hand and transformed into a small, sparkling butterfly. The butterfly flew up into the sky, leaving a trail of glittering dust behind it.

"Wow!" her friends shouted in unison. "How did you do that?"

Molly didn't know what to say. She just knew that the coat was special. Maybe it was magical. Maybe it could make anything possible.

"I think it's the coat," Molly said cautiously. "It feels... different."

Elin, who was always a bit jealous, scoffed. "It's just a coat," she said. "Nothing is really magical."

But as Elin took a step forward and tried to touch the coat, something even stranger began to happen. The ground beneath them slowly started to glow, as if it were covered in tiny, shining stars. All the children backed away in fright, but Molly didn't feel scared. Instead, she felt safe, as if the coat wanted to protect her and everyone around her.

"What's happening?" whispered one of Molly's friends.

Molly took a deep breath. "I don't know, but I think the coat wants to show us something."

Suddenly, they were surrounded by a soft light, and when they blinked, they no longer had their feet on the ground. They were floating, all together, high above the treetops. Molly could see the entire village below them, and she heard her friends laughing in sheer amazement and joy.

They floated over rooftops, across fields and meadows, and the wind tickled their faces. It felt like a dream, but it was real. Molly's magical coat had made the impossible possible.

After a while, they gently landed back in the park, and the light surrounding them slowly faded. All the children stood in silence, unsure of what they had just experienced.

"That was the most amazing thing I've ever seen," whispered one of Molly's friends.

"I didn't know coats could do that," said another.

Molly smiled to herself. She knew she had found something special, something magical, in the attic. And even though the coat might not always be able to take them on flying adventures she knew it had changed something inside her. She felt stronger braver, and maybe a little bit magical herself.

And from that day on, whenever the wind blew cold and the leaves danced in the air, Molly thought of her magical coat and knew that the world was full of secrets, just waiting to be discovered.

Ludvigs Underbara Fjädrar

Det var en ljus och solig vårdag när Ludwig, en liten pojke med runda glasögon och blont hår, vaknade och kände sig särskilt förväntansfull. Idag var dagen för Ludwigs stora äventyr! Han hade hört ett rykte om en gammal, mystisk skog som låg vid kanten av byn, där det sades att fantastiska fjädrar låg gömda.

Ludwig älskade fjädrar. Han hade en liten samling hemma – några från papegojor, några från hökar, och till och med en från en påfågel. Men dessa fjädrar var alldeles speciella. Enligt berättelserna kunde de glittra som stjärnor och förändra vädret omkring dem.

Med sin lilla ryggsäck fylld med smörgåsar, en termos med varm choklad, och en bok om fåglar, begav sig Ludwig mot den magiska skogen. När han närmade sig skogens kant, kände han en pirrande känsla i magen. Skogen var full av höga träd och tjocka buskar, och ett svagt ljus strålade mellan grenarna.

Ludwig tog ett djupt andetag och gick in bland träden. Det var som att stiga in i en annan värld. Det var lugnt och stilla, och allt som hördes var fåglarnas kvitter och den mjuka susningen av vinden. Ludwig följde en liten stig som verkade leda längre in i skogen.

Efter att ha gått en stund såg Ludwig något som fick honom att stanna upp. Framför honom låg en stor, gammal ek med en dörr

inbäddad i stammen. Dörren var täckt av mossa och såg ut so
den hade stått där i hundratals år.

Ludwig öppnade dörren försiktigt och gick in i eken. Inuti v
det som ett litet rum, med väggar av trä och ett litet fönster so
släppte in ett mjukt ljus. Mitt på golvet låg en stor kista. Ludw
gick fram till kistan och öppnade den försiktigt.

Inuti kistan låg en samling av de mest fantastiska fjädrar Ludw
någonsin hade sett. Det fanns fjädrar i alla regnbågens färger, oc
varje fjäder glittrade som om den hade fångat en bit av solens lju
Ludwig blev överväldigad av skönheten och visste att han had
funnit något mycket speciellt.

Han tog upp en fjäder som var särskilt vacker – den var djupt bl
med små silverprickar som glittrade som stjärnor. När han hö
fjädern i handen kände han en värme sprida sig genom kroppen
Det var som om fjädern hade en egen magi.

Ludwig bestämde sig för att ta med fjädern hem och se vad
som skulle hända. När han lämnade eken och återvände till byr
började något märkligt ske. För varje steg han tog med fjädern
i sin hand, började blommorna på marken att blomstra i färger
han aldrig hade sett förut. Det var som om fjädern gav liv åt allt
omkring honom.

När Ludwig kom hem och visade fjädern för sina föräldrar, blev
de också förvånade. Hans mamma och pappa var så fascinerade
av fjädern att de bestämde sig för att göra ett experiment. De
placerade fjädern i vardagsrummet och såg vad som skulle hända.

Till deras stora förvåning började hela rummet förändras. Väggarna började glittra som om de var täckta av stjärnor, och rummet fylldes med en mjuk, musikalisk melodi. Det var som om fjädern hade förvandlat deras hem till en plats av magi och drömmar.

Ludwig och hans familj tillbringade hela kvällen i sitt nya magiska rum, som var fyllt med ljus och musik. De kände sig lyckliga och förundrade över den fantastiska fjädern som Ludwig hade funnit.

Nästa dag bestämde Ludwig sig för att återvända till skogen för att utforska mer. Han ville se om det fanns fler fjädrar att upptäcka och om det fanns fler hemligheter i den magiska skogen. När han kom tillbaka till eken och öppnade kistan igen, upptäckte han att den var tom. Kistan var nu bara en vanlig gammal kista, och de magiska fjädrarna var borta.

Ludwig kände sig lite besviken men också tacksam för den magiska upplevelsen han hade haft. Han visste att fjädrarna hade gett honom en speciell gåva, och att det var något han alltid skulle minnas.

Från den dagen gick Ludwig ofta till den magiska skogen och utforskade dess underverk. Han lärde sig att magi ibland bara var en fråga om att se världen med öppna ögon och ett öppet hjärta. Och varje gång han såg en fjäder, tänkte han på den magiska dagen han hade upptäckt Ludvigs underbara fjädrar.

Ludwig's Wonderful Feathers

It was a bright and sunny spring day when Ludwig, a little boy with round glasses and blonde hair, woke up feeling particularly excited. Today was the day of Ludwig's big adventure! He had heard a rumor about an old, mysterious forest at the edge of the village, where it was said that wonderful feathers were hidden.

Ludwig loved feathers. He had a small collection at home—some from parrots, some from hawks, and even one from a peacock. But these feathers were said to be very special. According to the stories, they could sparkle like stars and change the weather around them.

With his little backpack filled with sandwiches, a thermos of hot chocolate, and a bird book, Ludwig set off towards the magical forest. As he approached the edge of the forest, he felt a tingling sensation in his stomach. The forest was full of tall trees and thick bushes, and a soft light filtered through the branches.

Ludwig took a deep breath and walked among the trees. It was like stepping into another world. It was quiet and still, and all he could hear was the chirping of birds and the gentle rustling of the wind. Ludwig followed a small path that seemed to lead further into the forest.

After walking for a while, Ludwig saw something that made him stop. In front of him stood a large, old oak tree with a door embedded in its trunk. The door was covered in moss and looked as if it had been there for hundreds of years.

Ludwig carefully opened the door and stepped inside the oak. Inside was like a small room, with wooden walls and a tiny window letting in soft light. In the middle of the floor was a large chest. Ludwig approached the chest and opened it carefully.

Inside the chest was a collection of the most fantastic feathers Ludwig had ever seen. There were feathers in all the colors of the rainbow, and each feather sparkled as if it had captured a bit of the sun's light. Ludwig was overwhelmed by the beauty and knew he had found something very special.

He picked up a feather that was particularly beautiful—it was deep blue with tiny silver specks that sparkled like stars. As he held the feather in his hand, he felt a warmth spread through his body. It was as if the feather had its own magic.

Ludwig decided to take the feather home and see what would happen. When he left the oak and returned to the village, something strange began to happen. With every step he took holding the feather, the flowers on the ground began to bloom in colors he had never seen before. It was as if the feather brought life to everything around him.

When Ludwig got home and showed the feather to his parents, they were also amazed. His mom and dad were so fascinated by the feather that they decided to conduct an experiment. They placed the feather in the living room and watched what would happen.

their great surprise, the entire room began to change. The walls started to sparkle as if covered in stars, and the room was filled with a soft, musical melody. It was as if the feather had transformed their home into a place of magic and dreams.

Ludwig and his family spent the entire evening in their new magical room, which was filled with light and music. They felt happy and amazed by the wonderful feather Ludwig had found.

The next day, Ludwig decided to return to the forest to explore more. He wanted to see if there were more feathers to discover and if there were more secrets in the magical forest. When he went back to the oak and opened the chest again, he found it was empty. The chest was now just an ordinary old chest, and the magical feathers were gone.

Ludwig felt a little disappointed but also grateful for the magical experience he had had. He knew that the feathers had given him a special gift, and it was something he would always remember.

From that day on, Ludwig often visited the magical forest and explored its wonders. He learned that magic was sometimes just a matter of seeing the world with open eyes and an open heart. And every time he saw a feather, he thought of the magical day he discovered Ludwig's wonderful feathers.

Miriam och Den Magiska Klockan

Det var en kall och klar vintermorgon när Miriam, en liten flicka med stora bruna ögon och rufsigt hår, vaknade för att upptäcka något alldeles speciellt. Det var hennes födelsedag, och hennes föräldrar hade lovat att ge henne en överraskning. Miriam var full av förväntan och kunde knappt vänta med att öppna sina presenter.

När hon gick ner till köket såg hon en stor, vackert inpackad present på bordet. Med ett leende på läpparna och en glittrande blick i ögonen började Miriam att öppna paketet. Inuti fann hon en gammal, fantastisk klocka. Klockan hade ett gyllene hölje och stora, vackra visare som såg ut att vara gjorda av stjärnljus.

"Det är en gammal klocka som har gått i arv i vår familj," sa hennes pappa. "Den har en speciell historia, men vi vet inte så mycket om den. Jag tror att den är magisk."

Miriam tog försiktigt upp klockan och kände en lätt vibration i händerna. Det var som om klockan hade sin egen puls, och det fanns något mystiskt med dess tickande ljud. Hon bestämde sig för att ta med sig klockan till sitt rum och undersöka den närmare.

När Miriam satte klockan på sitt skrivbord, började den att ticka snabbare och snabbare, och en mjuk, gyllene ljus började stråla från den. Miriam såg på med stora ögon när rummet omkring henne började förändras. Världen utanför försvann, och hon befann sig plötsligt i en underbar, magisk värld.

Den nya världen var fylld med glittrande snöflingor som svävade i luften, och små, vänliga djur lekte omkring henne. Det var som att kliva in i en dröm. Miriam gick framåt och såg en vacker slottstorn i fjärran. Klockan i hennes hand tickade i takt med de glittrande snöflingorna och verkade leda vägen mot tornet.

När hon närmade sig tornet, såg hon att det var byggt av is och glittrade som diamanter. Dörren till tornet var öppen, och Miriam gick försiktigt in. Inuti var det varmt och mysigt, och en gammal, vänlig kvinna med ett silverhår satt vid ett bord och sydde på en stor, färgglad matta.

"Välkommen, lilla vän," sa den gamla kvinnan med ett vänligt leende. "Jag har väntat på dig."

Miriam blev förvånad. "Hur visste du att jag skulle komma?"

"Den magiska klockan du har med dig har alltid haft en förmåga att leda de som är redo att upptäcka sin egen inre magi," förklarade den gamla kvinnan. "Jag är väktaren av denna magiska värld, och jag har väntat på dig för att ge dig en speciell uppgift."

Miriam kände sig både nervös och uppspelt. "Vad är uppgiften?"

Den gamla kvinnan tog fram en liten bok från bordet och öppnade den. I boken fanns bilder av olika magiska varelser och platser, men en särskild bild fångade Miriams uppmärksamhet. Det var en bild av en stor, glittrande stjärna som låg gömd i en vacker trädgård.

'Din uppgift är att hitta den glittrande stjärnan och återföra den till sitt rätta ställe," sa den gamla kvinnan. "Den har försvunnit från sin plats och det är upp till dig att återställa balansen i vår magiska värld."

Miriam tog ett djupt andetag och började sin resa mot trädgården. Klockan tickade lugnt i hennes hand, och den gyllene ljuset från klockan ledde vägen. Efter en lång vandring genom snöiga landskap och glittrande skogar kom hon äntligen till trädgården.

Trädgården var fylld med fantastiska blommor och färgglada fjärilar. I mitten av trädgården stod en stor fontän som sprutade ut glittervatten. Miriam gick fram till fontänen och såg en liten, lysande stjärna som låg på botten.

När hon plockade upp stjärnan kände hon en varm, mjuk känsla i sitt hjärta. Stjärnan började att lysa starkare och starkare, och plötsligt började hela trädgården att lysa upp med ett magiskt sken. Blommorna öppnade sig och sjöng en vacker melodi.

Miriam kände sig lycklig och stolt över att ha fullföljt sin uppgift. Hon återvände till slottstornet med den glittrande stjärnan i handen. När hon kom tillbaka, möttes hon av den gamla kvinnan som log med värme.

"Du har gjort ett fantastiskt jobb, Miriam," sa hon. "Du har återställt balansen i vår magiska värld, och nu är det dags för dig att återvända hem."

Den gamla kvinnan gav Miriam en kram och gav henne en liten present – en liten stjärna som liknade den hon hade hittat i trädgården. "Denna stjärna kommer alltid att påminna dig om din inre magi."

När Miriam återvände hem, kände hon sig glad och fylld med en känsla av magi och äventyr. Hennes rum var som det hade varit tidigare, men klockan på skrivbordet hade slutat ticka och låg stilla. Miriam satte den lilla stjärnan på sin hylla och tänkte på det underbara äventyret hon hade haft.

Från den dagen såg Miriam alltid på stjärnorna med ett leende och visste att magi kunde finnas där man minst anade det – i en gammal klocka, en glittrande stjärna, och i varje ögonblick av förundran och glädje.

Miriam and the Magical Clock

It was a cold and clear winter morning when Miriam, a little girl with big brown eyes and tousled hair, woke up to discover something very special. It was her birthday, and her parents had promised her a surprise. Miriam was full of anticipation and could hardly wait to open her presents.

When she went down to the kitchen, she saw a large, beautifully wrapped present on the table. With a smile on her face and a sparkle in her eyes, Miriam began to open the package. Inside, she found an old, wonderful clock. The clock had a golden case and large, beautiful hands that looked like they were made of starlight.

It's an old clock that has been passed down in our family," her dad said. "It has a special story, but we don't know much about it. I think it might be magical."

Miriam carefully picked up the clock and felt a gentle vibration in her hands. It was as if the clock had its own pulse, and there was something mysterious about its ticking sound. She decided to take the clock to her room and examine it more closely.

When Miriam placed the clock on her desk, it began to tick faster and faster, and a soft, golden light started to shine from it. Miriam watched with wide eyes as the room around her began to change. The world outside disappeared, and she suddenly found herself in a wonderful, magical world.

The new world was filled with sparkling snowflakes drifti
through the air, and small, friendly animals played around her.
was like stepping into a dream. Miriam walked forward and sa
a beautiful castle tower in the distance. The clock in her har
ticked in time with the sparkling snowflakes and seemed to le:
the way to the tower.

As she approached the tower, she saw that it was made of ice an
sparkled like diamonds. The door to the tower was open, an
Miriam walked cautiously inside. Inside, it was warm and coz
and an old, kind woman with silver hair was sitting at a tabl
sewing on a large, colorful rug.

"Welcome, little one," said the old woman with a friendly smil
"I've been expecting you."

Miriam was surprised. "How did you know I would come?"

"The magical clock you have with you has always had the abilit
to guide those who are ready to discover their own inner magic,
explained the old woman. "I am the guardian of this magica
world, and I've been waiting for you to give you a special task."

Miriam felt both nervous and excited. "What is the task?"

The old woman took out a small book from the table and opened
it. The book had pictures of various magical creatures and places,
but one particular picture caught Miriam's attention. It was a
picture of a large, sparkling star hidden in a beautiful garden.

"Your task is to find the sparkling star and return it to its rightful
place," said the old woman. "It has gone missing from its place,
and it is up to you to restore balance to our magical world."

Miriam took a deep breath and set out on her journey to the garden. The clock ticked calmly in her hand, and the golden light from the clock led the way. After a long journey through snowy landscapes and sparkling forests, Miriam finally arrived at the garden.

The garden was filled with magnificent flowers and colorful butterflies. In the middle of the garden stood a large fountain that sprayed glittering water. Miriam approached the fountain and saw a small, glowing star lying at the bottom.

When she picked up the star, she felt a warm, soft sensation in her heart. The star began to shine brighter and brighter, and suddenly the entire garden was illuminated with a magical glow. The flowers opened up and sang a beautiful melody.

Miriam felt happy and proud to have completed her task. She returned to the castle tower with the sparkling star in her hand. When she came back, she was greeted by the old woman who smiled warmly.

"You've done a fantastic job, Miriam," she said. "You've restored balance to our magical world, and now it's time for you to go home."

The old woman gave Miriam a hug and handed her a small present—a little star that looked like the one she had found in the garden. "This star will always remind you of your inner magic."

When Miriam returned home, she felt joyful and filled with a sense of magic and adventure. Her room was as it had been before, but the clock on her desk had stopped ticking and lay still. Miriam placed the little star on her shelf and thought about the wonderful adventure she had had.

From that day on, Miriam always looked at the stars with a smile and knew that magic could be found where one least expected it—in an old clock, a sparkling star, and in every moment of wonder and joy.

Ella och Den Försvunna
Vänskapsstenen

Det var en vacker vårmorgon när Ella, en nyfiken flicka med blonda lockar och stora blå ögon, bestämde sig för att utforska den gamla trädgården bakom farmors hus. Trädgården var en plats full av mystik och hemligheter, och Ella älskade att tillbringa tid där, bland de blommande buskarna och de höga träden.

En särskild sak hade alltid fascinerat Ella: en stor, gammal sten som låg i trädgårdens mitt. Stenen var täckt med mossor och mossa, och farmor hade berättat för Ella att det var en vänskapssten som hade magiska krafter. Enligt legenden kunde stenen göra så att vänskaper blev starkare och magiska saker hände för dem som trodde på dess kraft.

Men när Ella kom till trädgården den morgonen, upptäckte hon något som gjorde henne förskräckt. Vänskapsstenen var borta! Där den vanligtvis låg, fanns nu bara en tom plats. Ella kände ett pirrande i magen och bestämde sig för att lösa mysteriet.

"Jag måste hitta stenen," mumlade hon för sig själv och började sin sökning. Ella visste att om stenen var borta, kunde det vara en anledning till det. Hon började leta noggrant runt om i trädgården, lyssnande efter små ljud och letade efter tecken som kunde leda henne till stenen.

Efter att ha letat en stund, upptäckte Ella något ovanligt vid kanten av trädgården. Där låg en liten, gammal nyckel, som såg ut att ha glidit ner från en av trädets grenar. Nyckeln var täckt med smuts, men Ella kunde se att den var täckt med en vacker graverad design.

"En nyckel? Vad kan den vara till?" undrade Ella. Hon tog försiktigt upp nyckeln och fortsatte sin sökning, med nyckeln i handen.

Nyckeln ledde Ella till en gammal, glömd del av trädgården som hon aldrig hade utforskat tidigare. Där, delvis täckt av sly, fanns en liten dörr som hon aldrig hade sett förut. Dörren var täckt med samma graverade design som nyckeln.

Ella satte nyckeln i låset och vrid om. Dörren öppnades långsamt med ett knarrande ljud och avslöjade en hemlig gång som ledde ner i jorden. Ella kände sig både rädd och upphetsad, men hon var besluten att ta reda på vad som hade hänt med vänskapsstenen.

Hon gick ner för trappen och kom snart till en underjordisk grotta. Grottan var fylld med glittrande kristaller och vackra ljus som skapade färgglada mönster på väggarna. I mitten av grottan såg Ella en gammal, vis gammal uggla som satt på en sten och tittade på henne med sina stora, kloka ögon.

"Hej, unga Ella," sa ugglan med en vänlig röst. "Jag har väntat på dig."

Ella blev förvånad. "Hur vet du mitt namn?"

ag vet mycket om den magiska trädgården och dess historia," förklarade ugglan. "Vänskapsstenen är en viktig del av trädgårdens magi, men den har blivit stulen av en grym gammal trollkarl som vill använda dess kraft för att skapa kaos."

Ella kände ett sting av sorg. "Vad kan jag göra för att få tillbaka stenen?"

Ugglan flög ner från stenen och landade framför Ella. "Det finns en speciell uppgift för dig. Du måste gå till trollkarlens torn och ta tillbaka stenen. Men du behöver hjälp från tre magiska varelser som lever i skogen."

Ella nickade beslutsamt. "Jag ska göra mitt bästa."

Ugglan gav Ella en liten, gyllene fjäder. "Denna fjäder kommer att guida dig till de magiska varelserna. De är: en vänlig älva, en klok ekorre och en modig kanin."

Ella tog fjädern och började sin resa genom skogen. Först stötte hon på den vänliga älvan som bodde i en glittrande äng. Älvan hade vackra vingar och en strålande leende.

'Jag har hört talas om din uppgift," sa älvan. "Jag vill gärna hjälpa dig. Här är en magisk blomma som kommer att lysa din väg när det blir mörkt."

Med blomman i handen fortsatte Ella sin väg och snart kom hon till en gammal ek där den kloka ekorren bodde. Ekorren hade stora, kloka ögon och en vänlig röst.

"Jag har också hört om din uppgift," sa ekorren. "Här är en kar
som visar vägen till trollkarlens torn. Var försiktig, för det är
farlig plats."

Till sist, efter en lång vandring, kom Ella till en liten, mod
kanin som bodde vid kanten av en sjö. Kaninen hade en star
beslutsam hållning och en snabb, snabb rörelse.

"Jag vet att du behöver min hjälp," sa kaninen. "Jag kommer a
leda dig genom det farliga området runt trollkarlens torn. Här
på mig."

Tillsammans fortsatte Ella, älvan, ekorren och kaninen mo
trollkarlens torn. När de närmade sig, kunde de se tornet sor
var mörkt och skrämmande, med stora svarta moln som svävad
runt toppen.

Ella kände ett sting av rädsla men visste att hon hade sina ny
vänner vid sin sida. De smög in i tornet och letade efte
vänskapsstenen. Slutligen fann de stenen i en gammal kista sor
var låst med en nyckel.

Ella använde den lilla nyckeln hon hade hittat i trädgården fö
att öppna kistan. När kistan var öppen, lyste stenen med et
vackert ljus, och Ella kände en våg av glädje och lättnad.

De tog stenen och började sin resa tillbaka till trädgården. Nä
de kom fram, placerade Ella stenen tillbaka på sin plats, och hela
trädgården fylldes med ett mjukt, magiskt ljus. Vänskapsstenen
hade återigen återställt balansen och magin i trädgården.

Ella tackade sina nya vänner för deras hjälp och återvände hem
med en känsla av stolthet och glädje. Vänskapsstenen var tillbaka

lär den hörde hemma, och Ella visste att hon alltid skulle minnas den magiska dagen och de vänner som hade hjälpt henne.

Från den dagen såg Ella på trädgården med ett leende och visste att magi kunde hittas i varje hörn av världen, särskilt när man har mod och vänner som stöd.

Ella and the Missing Friendship Stone

It was a beautiful spring morning when Ella, a curious girl with blonde curls and big blue eyes, decided to explore the old garden behind her grandmother's house. The garden was a place full of mystery and secrets, and Ella loved spending time there, among the blooming bushes and tall trees.

One thing that always fascinated Ella was a large, old stone in the center of the garden. The stone was covered with moss and lichen, and Grandma had told Ella that it was a friendship stone with magical powers. According to legend, the stone could make friendships stronger and magical things happen for those who believed in its power.

But when Ella arrived at the garden that morning, she discovered something that made her heart sink. The friendship stone was gone! Where it usually lay, there was now only an empty space. Ella felt a tingle in her stomach and decided to solve the mystery.

"I must find the stone," she murmured to herself and began her search. Ella knew that if the stone was missing, there must be a reason. She searched carefully around the garden, listening for small sounds and looking for clues that might lead her to the stone.

After searching for a while, Ella noticed something unusual at the edge of the garden. There lay a small, old key that seemed to have slipped from one of the tree branches. The key was covered with dirt, but Ella could see that it had a beautiful engraved design.

"A key? What could it be for?" wondered Ella. She carefully picked up the key and continued her search, holding the key in her hand.

The key led Ella to an old, forgotten part of the garden she had never explored before. There, partially covered by undergrowth, was a small door she had never seen before. The door was covered with the same engraved design as the key.

Ella inserted the key into the lock and turned it. The door opened slowly with a creaking sound, revealing a secret passage leading down into the earth. Ella felt both scared and excited, but she was determined to find out what had happened to the friendship stone.

She descended the stairs and soon arrived in an underground cave. The cave was filled with sparkling crystals and beautiful lights that created colorful patterns on the walls. In the middle of the cave, Ella saw an old, wise owl sitting on a rock and watching her with its large, wise eyes.

"Hello, young Ella," said the owl with a friendly voice. "I have been waiting for you."

Ella was surprised. "How do you know my name?"

"I know much about the magical garden and its history," explained the owl. "The friendship stone is an important part of le garden's magic, but it has been stolen by a wicked old sorcerer who wants to use its power to create chaos."

Ella felt a pang of sadness. "What can I do to get the stone back?"

The owl flew down from the rock and landed in front of Ella. "There is a special task for you. You must go to the sorcerer's tower and retrieve the stone. But you will need help from three magical creatures living in the forest."

Ella nodded determinedly. "I will do my best."

The owl gave Ella a small, golden feather. "This feather will guide you to the magical creatures. They are: a friendly fairy, a wise squirrel, and a brave rabbit."

Ella took the feather and began her journey through the forest. She first encountered the friendly fairy who lived in a sparkling meadow. The fairy had beautiful wings and a radiant smile.

"I have heard about your task," said the fairy. "I would like to help you. Here is a magical flower that will light your way when it gets dark."

With the flower in hand, Ella continued on her way and soon came to an old oak tree where the wise squirrel lived. The squirrel had large, wise eyes and a friendly voice.

"I have also heard about your task," said the squirrel. "Here is a map showing the way to the sorcerer's tower. Be careful, for it is a dangerous place."

Finally, after a long trek, Ella arrived at a small, brave rabbit living by the edge of a pond. The rabbit had a strong, determined posture and a quick, swift movement.

"I know you need my help," said the rabbit. "I will guide you through the dangerous area around the sorcerer's tower. Keep up with me."

Together, Ella, the fairy, the squirrel, and the rabbit continued toward the sorcerer's tower. As they approached, they could see the tower dark and frightening, with large black clouds swirling around the top.

Ella felt a twinge of fear but knew she had her new friends by her side. They sneaked into the tower and searched for the friendship stone. Eventually, they found the stone in an old chest that was locked with a key.

Ella used the small key she had found in the garden to open the chest. When the chest was opened, the stone shone with a beautiful light, and Ella felt a wave of joy and relief.

They took the stone and began their journey back to the garden. When they arrived, Ella placed the stone back in its place, and the entire garden was filled with a soft, magical light. The friendship stone had once again restored balance and magic to the garden.

Ella thanked her new friends for their help and returned home with a sense of pride and joy. The friendship stone was back where it belonged, and Ella knew she would always remember the magical day and the friends who had helped her.

From that day on, Ella looked at the garden with a smile and knew that magic could be found in every corner of the world, especially when one has courage and friends to support them.